中小学创新教育

我爱创新

初级教程 | 覃泽文 江小卫 著

CNS
PUBLISHING & MEDIA
中南出版传媒

湖南电子音像出版社
Hunan Electronic And Audio-visual Publishing House

图书在版编目（CIP）数据

我爱创新 / 覃泽文，江小卫著．-- 长沙 ：湖南电子音像出版社，2018.12
ISBN 978-7-83004-354-4

Ⅰ．①我… Ⅱ．①覃… ②江… Ⅲ．①创造教育—中小学—教材 Ⅳ．① G632.0

中国版本图书馆 CIP 数据核字 (2018) 第 284072 号

我爱创新（初级教程）

作　　者：覃泽文　江小卫
出 版 人：杨　林
责任编辑：钟　可
美术设计：潇湘文化

出　　版：湖南电子音像出版社 www.xyin.com
印　　刷：东莞市比比印刷有限公司
开　　本：787mm×1092mm 1/16
印　　张：4
字　　数：60 千字
版　　次：2018 年 12 月第 1 版
印　　次：2018 年 12 月第 1 次印刷
书　　号：ISBN 978-7-83004-354-4
定　　价：32.80 元

如有印装质量问题，请与东莞市潇湘文化传播有限公司联系。
联系电话：0769-82225025

前　言

　　开发创新能力是未来社会和知识经济发展对人提出的要求，也是当今世界教育改革的潮流。一些发达国家十分重视创新教育，如美国强调教育的首要目的就是释放学生的创造力，培养"骨髓中都充满未来思想和未来意识的人"和"世界一流的创新人才"。

　　在我国，李克强总理在2015年《政府工作报告》中，38次提到"创新"，尤其2次专门提到"大众创业，万众创新"，在神州大地吹响了"万众创新"的号角。党和国家领导人非常重视创新教育在我国的实施。目前在各省市开始推行创新教育，各地中小学如火如荼地创建创新教育特色地区或学校，并开设创新教育课程。

　　但是，当前各地中小学创新教育课程大都缺乏专业、系统的创新教育教材。《我爱创新》创新教育教程在这大背景下应势而出。

　　本套丛书是在几十名创新教育一线教师进行长达5年的研究开发，并在多所学校几千名师生共同参与开发实践的基础上，结合创新创业专家指导的意见归类整理，编著成书。本丛书既有专业性又有实践性和可操作性，是集专业性、系统性及趣味性于一体的中小学创新教育教材。

　　本套丛书包括小学初级、中级、高级及中学全册共4册，系统介绍组合法、反向思维法等多种常用的创新方法，并结合动手实践课程，逐步培养学生"敢想、敢说、敢做"的创新精神及创新综合能力。

　　本套丛书最大的特点是以漫画故事的形式编著，是当前国内第一套采用漫画故事形式编著的创新教育基础教程。丛书主要内容为覃大龙、江小虎等5个漫画人物在学习、生活中运用创新而发生的一个个有趣故事。丛书将创新方法、创新实践及创新思维训练融于有趣的漫画故事，激发学生的创新学习兴趣，培养学生的创新精神及创新能力。

　　本套丛书适于作为中小学阶段的学校创新教育教材、亲子活动创新教育教材、各类培训机构创新教育教材。

编者

2018年6月20日

覃大龙
心地善良，富有正义感，
想象力丰富

江小虎
为人生性好动，守信用

林强
爱跟小虎玩，给他出主意

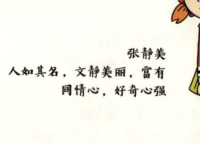

张静美
人如其名，文静美丽，富有
同情心，好奇心强

谭俊杰
爱学习成绩好，清高不合群

目 录

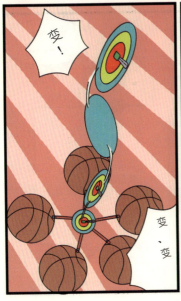

1. 生活中的同物组合法

同物组合法：把相同或相似的东西组合变成新东西的创新方法。

圆珠笔＋圆珠笔＝多芯圆珠笔

笔盒＋笔盒＝双层笔盒

自行车＋自行车＝双人自行车

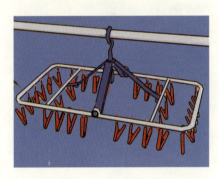

夹子＋夹子＝多夹子衣架

风扇＋风扇＝双头风扇

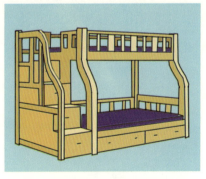

床＋床＝双人床

2. 创意我做主

创意1：（　　　　　　）+（　　　　　　）=（　　　　　　）

创意2：（　　　　　　）+（　　　　　　）=（　　　　　　）

创意3：（　　　　　　）+（　　　　　　）=（　　　　　　）

创意草图：

创意名称：	姓　名：	学　校：	班　级：

3. 我要自己动动手

A. 跟静美玩制作：

首先，安装底座及电池盒。

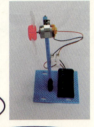

再安装风扇叶。

最后接好电线，完成制作。
（具体安装步骤可看视频）

B. 跟大龙勇尝试：

电动机的电线接反了，
会怎么样？

电池装反了，
又会怎么样？

要敢于不断尝试，细心观察，
多多提问。另外，试试换掉风
扇叶，让电动机带动其他东西
转动。

C. 跟俊杰聊科技：

科学小知识2：认识电动机。电动
机通电后会转动，并能带动其他
物体进行运动。如带动风扇叶转
动，带动车轮子滚动等。想一想，
还有哪些东西应用到电动机？

科学小知识1：认识电
池。电池有电能，能使小电灯
发亮、小电动机转动，分正（+）、
负（−）极，不要接反哦。生活中有
很多种电池，用途十分广泛，如手
电筒、手机、电子手表等等，还
有呢？

4. 头脑风暴

电路　　（　　　　）

天路

（　　　　）

（　　　　）

（　　　　）

怎么样的路不能走?

5. 创新亲子活动

（大胆想象）
敢想

培养小孩子的
三大"勇敢"

敢说　　　　　　　　敢做
（大胆表达）　　　　（大胆实践）

别用成人或现实
的眼光评判孩子
的想象

鼓励、激励孩子大胆想象、
大胆表达及实践,多用"这
个创意很好""对,大声说
出来""做得很棒"等语言

11

1. 生活中的异物组合法

异物组合法：把不相同的东西组合变成新东西的创新方法。

上衣＋（　　）＝连衣裙

帽子＋太阳能风扇＝太阳能风扇帽

（　　）＋耳机＝带耳机眼镜

笔盒＋（　　）＝台灯笔盒

（　　）＋烧水壶＝带烧水壶茶几

书包＋（　　）＝带轮书包

2. 创意我做主

创意1：（　　　　　）+（　　　　　）=（　　　　　）

创意2：（　　　　　）+（　　　　　）=（　　　　　）

创意3：（　　　　　）+（　　　　　）=（　　　　　）

创意草图：

创意名称：　　　　　姓　名：　　　　　学　校：　　　　　班　级：

3. 我要自己动动手

A. 跟静美玩制作：

首先，将灯安装在底座上，并接好线。

上下壳扣合。

最后，安装光纤丝。（具体安装步骤可看视频）

B. 跟大龙勇尝试：

换一个底座会怎样？如小木盒、小玻璃罐等。

用其他东西代替光纤丝又会怎么样？如头发、水瓶等。

C. 跟俊杰聊科技：

光，照亮着我们，没有光，我们会生活在黑暗的世界。一般情况下，光是直线照的，但光在光纤传输时会怎么样？大家仔细观察一下，光跟着光纤丝的弯曲而转弯？好神奇呀！

人类利用光在光纤传输会转弯这个原理，开发出光纤通信技术，用光载着视频、图像等信息，通过光纤网络带到千家万户，使我们能在电脑上看视频、玩游戏和学习。

4. 头脑风暴

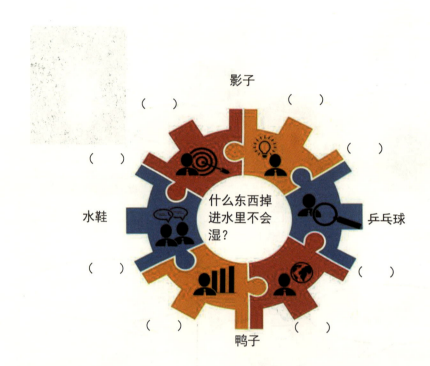

影子

（　　）　（　　）

（　　）

（　　）

什么东西掉进水里不会湿？

水鞋

乒乓球

（　　）

（　　）

（　　）　（　　）

鸭子

5. 在创新学习中孩子及家长的角色

做得真棒！

你是创新达人。

孩子是主角：想象力如脱缰的野马，但翅膀还非常脆弱，需要家长的呵护和培养。

家长是配角：是引导者、是激励者、是守护者，而不是教导者、评判员。

大龙，我明白了，你是不是把很多东西组合起来变成新的东西？

静美越来越聪明了，这种创新方法叫多物组合法。

我厉害吧

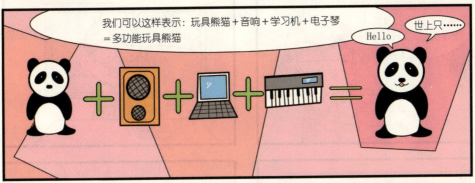

我们可以这样表示：玩具熊猫＋音响＋学习机＋电子琴＝多功能玩具熊猫

Hello

世上只……

我还希望我的玩具熊猫可以照相。

只要你想到，只要你想要，可以不断地＋下去！

那就再＋照相机。

多物组合法

19

第❸节 制作滑翔飞机

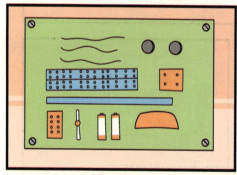

第❹节 什么车寸步难行?

20

1. 生活中的多物组合法

多物组合法：把许多的东西组合变成新东西的创新方法。

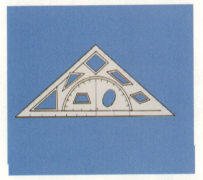

三角板＋量角器＋图形器＝多用三角板

帽子＋（　　）＋裤子＝连体衣

桌子＋（　　）＋柜子＝多用途桌

伞＋拐杖＋警示灯＝多用途伞

沙发＋（　　）＋柜子 ＝多用途沙发

刀＋锯子＋钳子＋开瓶器＋牙签＋（　　）
＋（　　）＋（　　）＝多用途折叠刀

2. 创意我做主

创意1：(　　　　) + (　　　　) + (　　　　) = (　　　　)

创意2：(　　　　) + (　　　　) + (　　　　) = (　　　　)

创意3：(　　　　) + (　　　　) + (　　　　) + (　　　　)
　　　　+ (　　　　) + (　　　　) = (　　　　)

创意草图：

创意名称：	姓　名：	学　校：	班　级：

3. 我要自己动动手

A. 跟静美玩制作：

滑翔飞机的制作比较复杂，大家一定要跟着视频一步步完成哦。

B. 跟大龙勇尝试：

我能不能用电动机带动车轮，让飞机滑翔前进？马上动手试试。

要敢于不断尝试，细心观察，多多动手实践。滑翔飞机材料包有很多零件，将这些零件进行不同组合，你能做出哪些别人意想不到的新东西？

C. 跟俊杰聊科技：

人类利用风力的工具我知道很多，比如：帆船、风筝、电吹风机、风力发电机等。你知道有哪些？发挥想象力，风力还能为我们做哪些新事情？

风力：风的力量。平时我们观察到风吹树叶摇摆，其实风的力气很大，台风可以把大树吹倒，甚至把大船、房子吹翻。既然风有力气，我们能不能利用？

4. 头脑风暴

挡雨　　挡太阳

（　　）　　　　　　　　　　　（　　）

（　　）　　　　　　　　　　　（　　）

手电筒　　　　　　　　　　　　当拐杖

（　　）　　　　　　　　　　　（　　）

（　　）　　　　　　　　（　　）

伞有什么用处？

5. 家长做好自己的配角

引导者
引导孩子有梦想，让孩子向往成功、向往创新

激励者
激励孩子敢想、敢说、敢做，激发孩子的创新兴趣

呵护者
保护孩子的想象力，别批评孩子异想天开、白日做梦

创新是强国之动力：国家要富强必须不断创新。当前，我国自上而下掀起"万众创新"的浪潮，目的就是要把中国建设成为繁荣富强的国家。

创新是成功的钥匙：古今中外，凡成大事者，没有不依靠创新成就的，大发明家爱迪生，微软公司创始人比尔·盖茨，中国互联网领军者马云、马化腾等。

物＋功能
组合法

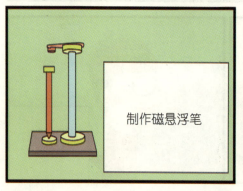

1. 生活中的物＋功能组合法

物＋功能组合法：事物加入新的功能变成新事物的创新方法。

手表＋电话功能＝电话手表

伞＋（　　　）功能＝防紫外线伞

无人机＋（　　　）功能＝无人航拍机

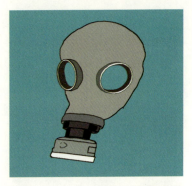

面具＋（　　　）功能＝防毒面具

水龙头＋（　　　）功能＝感应水龙头

地球仪＋（　　　）功能＝磁悬浮地球仪

29

2. 创意我做主

创意1：（　　　　　）＋（　　　　　）＝（　　　　　）

创意2：（　　　　　）＋（　　　　　）＝（　　　　　）

创意3：（　　　　　）＋（　　　　　）＝（　　　　　）

创意草图：

创意名称：	姓　名：	学　校：	班　级：

3. 我要自己动动手

A. 跟静美玩制作：

首先，将海绵圈分别安装在塑料管和笔上，再安上磁铁。

将塑料管安在底座上。

最后将笔立在上下磁铁之间。（具体安装步骤可看视频）

B. 跟大龙勇尝试：

小磁铁片换一面安装，会怎么样？有什么发现？

笔悬浮起来了，玩一玩，用其他物体代替笔，也让它悬浮起来。

C. 跟俊杰聊科技：

磁铁，能产生磁场，能吸引铁等金属；磁铁的两端或两面分南极和北极，同极相排斥，异极相吸引。磁悬浮笔就是根据磁铁这一特性制作的。想一想生活、生产中还有哪些运用？

我知道，有磁悬浮火车、指南针，还有……查一查资料，你能说出多少？

4．头脑风暴

病

（　）　　　（　）

（　）　　　（　）

什么东西
人们都不想要？

毒蘑菇　　　　　　　　　　　　悲伤

（　）　　　（　）

（　）　　　（　）

5．鼓励孩子"敢想"

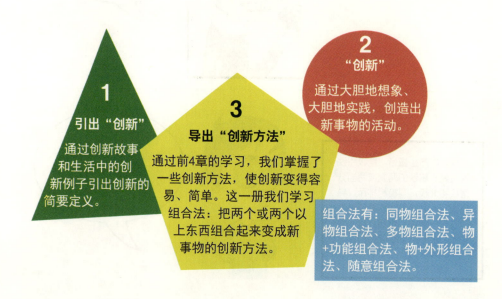

1

引出"创新"

通过创新故事和生活中的创新例子引出创新的简要定义。

2

"创新"

通过大胆地想象、大胆地实践，创造出新事物的活动。

3

导出"创新方法"

通过前4章的学习，我们掌握了一些创新方法，使创新变得容易、简单。这一册我们学习组合法：把两个或两个以上东西组合起来变成新事物的创新方法。

组合法有：同物组合法、异物组合法、多物组合法、物+功能组合法、物+外形组合法、随意组合法。

第❸节 制作太阳能车

第❹节 小明为什么还会感到很冷？

1. 物体＋功能组合法的拓展应用

＋防臭功能＝防臭鞋

＋环保功能＝环保鞋

＋发光功能＝闪光鞋

＋制冷功能＝空调鞋

＋播放音乐功能＝音乐鞋

＋防雨功能＝防雨鞋

一物可加入多种功能变成新物体

＋衣服＝环保衣服

＋黑板刷＝环保黑板刷

＋汽车＝环保汽车

＋空调＝环保空调

＋垃圾桶＝环保垃圾桶

＋涂改液＝环保涂改液

一种功能可添加到
多个物体变成新物体

2. 创意我做主

+（   ）功能＝（   ）

+（   ）功能＝（   ）

+（   ）功能＝（   ）

+（   ）功能＝（   ）

播放音乐功能

+（   ）＝（   ）

+（   ）＝（   ）

+（   ）＝（   ）

+（   ）＝（   ）

+（   ）＝（   ）

创意草图：

创意名称：	姓 名：	学 校：	班 级：

3. 我要自己动动手

A. 跟静美玩制作：

首先，将4个车轮装好，再把车身及电动机装上，套上皮带。

最后安太阳能板并接好线。
（具体安装步骤可看视频）

B. 跟大龙勇尝试：

太阳光一照，小车就跑动，试一试，用手电筒光照射太阳能板，小车会跑动吗？为什么？

在阳光下太阳能板能使小灯发亮吗？试一试。

C. 跟俊杰聊科技：

太阳能：太阳光的能量。太阳能的能量很大，人类很早就会利用太阳能，到现代太阳能的用途更广泛，你能说出几种？

人类利用太阳能的方式有很多，比如：晒衣服、晒鱼干、太阳能发电等。
还有呢？

4. 头脑风暴

请在"+"字上加最多三笔构成新的字看谁最多？

5. 家长与孩子一起学习使用"创新魔法器"

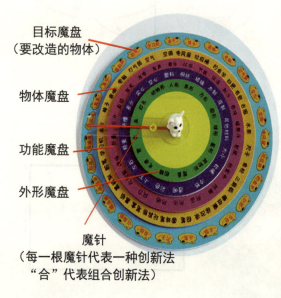

目标魔盘
（要改造的物体）

物体魔盘

功能魔盘

外形魔盘

魔针
（每一根魔针代表一种创新法
"合"代表组合创新法）

如何通过创新魔法器创造更多创意：

（1）魔针代表创新方法，创新魔法器共有8根魔针，代表8种创新方法。我们先学习"合一合"创新法，即组合创新法。选标有"合"字的装上。

（2）转动目标魔盘，找要改造的物体，对准魔针的红线，比如我想改造黑板刷。

（3）转动物体魔盘，找找什么物体跟黑板刷组合，变成新的东西。比如跟粉笔组合，变成粉笔套黑板刷。

（4）再转动功能魔盘，找找什么功能与黑板刷组合，变成新的东西，比如与环保组合，这样就变成环保粉笔套黑板刷。

（5）最后转动外形魔盘，找找什么形状与黑板刷组合变成新的东西，比如与人形组合，最后通过创新魔法器改造后的黑板刷变成：人形环保粉笔套黑板刷，即黑板刷+粉笔+环保+人形=人形环保粉笔套黑板刷。

（6）当然，黑板刷可以跟其他物体、其他功能、其他形状组合，变成各种各样、成千上万个新的黑板刷。

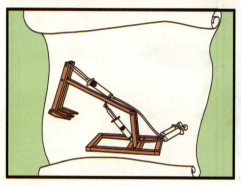

1. 生活中的物＋外形组合法

凳子＋乌龟外形＝乌龟凳子

鞋子＋鲨鱼外形＝鲨鱼鞋

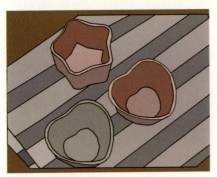

碗＋心形＝心形碗

水杯＋苦瓜外形＝苦瓜水杯

书包＋车轮外形＝车轮书包

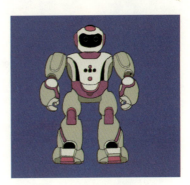

机器＋人形＝机器人

2．创意我做主

创意1：（　　　　　）＋（　　　　　）外形＝（　　　　　）

创意2：（　　　　　）＋（　　　　　）外形＝（　　　　　）

创意3：（　　　　　）＋（　　　　　）外形＝（　　　　　）

创意草图：

创意名称：	姓　名：	学　校：	班　级：

3. 我要自己动动手

A. 跟静美玩制作：

首先，将长木条夹在2根短木条间并上好螺丝；再用白乳胶把短木条固定在底板上。

注意，白乳胶2小时后才干。

最后接好针筒及胶管。
（具体安装步骤可看视频）

B. 跟大龙勇尝试：

试一试，针筒里装满水，推动看看效果怎么样？观察一下有什么不同？

想象一下，这挖掘机是不是像机械手？

C. 跟俊杰聊科技：

气动：利用空气的压力使物体运动。气动技术在工业生产中运用广泛。比如？

大家常见的气动技术运用有公交车、校车的车门开关，还有——
同学们一起来查查资料，看看还有哪些哦。

4. 头脑风暴

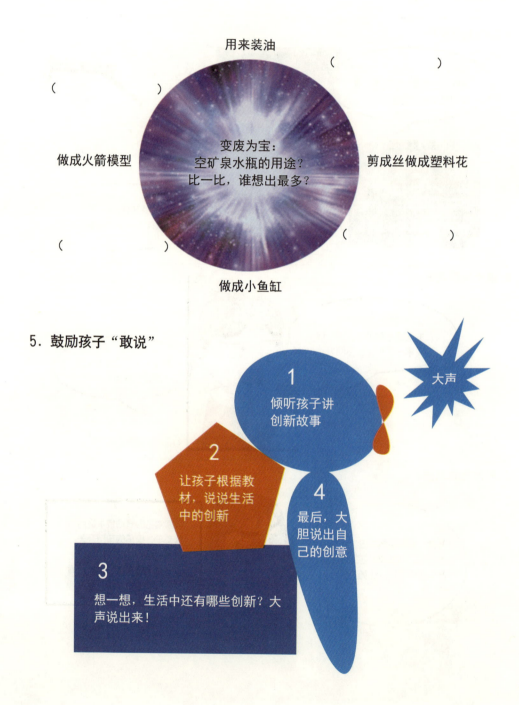

用来装油

（　　　　　）

（　　　　　）

做成火箭模型

变废为宝：
空矿泉水瓶的用途？
比一比，谁想出最多？

剪成丝做成塑料花

（　　　　　）

（　　　　　）

做成小鱼缸

5. 鼓励孩子"敢说"

1 倾听孩子讲创新故事

大声

2 让孩子根据教材，说说生活中的创新

4 最后，大胆说出自己的创意

3 想一想，生活中还有哪些创新？大声说出来！

49

创新魔法器

随意组合法

1．生活中的随意组合法

手电筒＋猪仔外形＋充电＋发电

锅＋蒸功能＋炒功能＋煮饭功能
＋（　）＋（　）＋（　）＋（　）

手机＋照相＋听音乐＋看视频＋
聊天＋手电筒＋日历＋看书＋
记事＋（　）＋（　）＋（　）

汽车＋甲壳虫外形＋听音乐＋看视频＋
导航＋空调＋（　）＋（　）＋（　）

2. 创意我做主

创意1：（　　　　）+（　　　　）+（　　　　）=（　　　　）

创意2：（　　　　）+（　　　　）+（　　　　）=（　　　　）

创意3：（　　　　）+（　　　　）+（　　　　）+（　　　　）
　　　　+（　　　　）+（　　　　）=（　　　　）

创意草图：

创意名称：	姓　名：	学　校：	班　级：

3. 我要自己动动手

A. 跟静美玩制作：

首先，安装发电机、手柄。

最后接好电线，完成制作。
（具体安装步骤可看视频）

B. 跟大龙勇尝试：

试一试，将电池盒的电线，接到原来接小灯的电线上，会发生什么情况？

手摇的速度快和速度慢，会让小灯有什么变化？

C. 跟俊杰聊科技：

发电：利用发电动力装置将别的能量转化为电能。我们的电灯、电视、手机、电饭锅等都用到电。那么，电是怎么来的？

电的主要来源是发电站，家用的照明、电视、洗衣机、电冰箱等都用这种电，它的电压很高，很危险，千万不要去触碰！发电有很多种方式，如水能发电、风能发电等，你知道还有哪些呢？

4. 头脑风暴

方形苹果

(   )   (   )

(   )   (   )

人形苹果   小熊形苹果

(   )   (   )

(   )   (   )

通过技术改造，你能种出各种形状的苹果，大胆想象，你能种出来多少种形状的苹果？

5. 鼓励孩子"敢做"

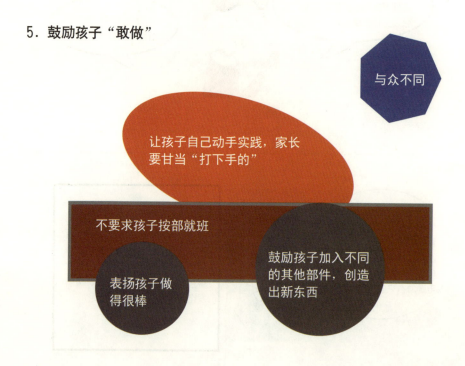

与众不同

让孩子自己动手实践，家长要甘当"打下手的"

不要求孩子按部就班

表扬孩子做得很棒

鼓励孩子加入不同的其他部件，创造出新东西

作者简介

覃泽文

　　覃泽文，男，1990年毕业于广西师范大学，教育硕士学位，中国教育协会会员，中国发明协会会员，创新教育专家，致力于中小学创新教育20多年，培养出上千名创新型人才；主持东莞市"十二五"规划重点教育课题《小学创新教育的实践与探索》，个人拥有多项国家专利。

江小卫

　　江小卫，男，1992年毕业于北京师范大学教育系，教育学硕士、高级职业指导师、国家人才测评师、SYB创业培训师、中科协认证创业导师。大学毕业后曾任多家公司高管，有多年丰富的企业管理咨询经验。主要研究方向为高等教育理论、生涯规划与职业指导、创新创业教育与实践，近年来公开发表论文10余篇，参与课题5项，出版专著、教材12部。